Le *emozioni* del topino

Maria Martina Costanzo

Maria Martina Costanzo è laureata in Scienze e Tecniche di Psicologia Cognitiva, all'Università Magna Graecia di Catanzaro. È mamma di una bimba, Maria Grazia.
È insieme a lei che ha deciso di scrivere questo libro.

*Le illustrazioni sono opera della
piccola Maria Grazia Angotti*

In un bosco non molto lontano
viveva un topino tutto bianco,
con il nasino blu, le orecchiette
blu, e le zampine anch'esse blu.
Un giorno andammo al parco e,
parlando del più e del meno,
introdusse uno strano

argomento: le emozioni.

"Le emozioni?" dissi io "Cosa
sono le emozioni?".
Il topino rise, e mi rispose "Le

emozioni sono delle cose
straordinarie. Sono delle
risposte a ciò che accade
intorno a noi, o dentro di noi, e ci
aiutano ad agire, a proteggerci,
a comunicare".

"Le posso toccare?" dissi io
"No, non le puoi toccare. Ma le
puoi vedere e riconoscere,
attraverso le espressioni".
"Che bello... ma ma quante sono?
Hanno dei nomi?"
Il topino rise di nuovo e poi
rispose: "Le emozioni sono tante,
però oggi ti racconterò di quelle
principali, chiamate primarie, che
tutti, topini e non, provano. Sono
la tristezza, la paura, il disgusto,
la rabbia, la felicità. Sono sicuro
che anche tu almeno una volta hai
provato queste emozioni. Per farti
meglio capire, ti racconterò di
alcuni momenti in cui io le ho
provate, va bene?".
"Non vedo l'ora!" dissi, e mi misi
comoda comoda ad ascoltare.

La tristezza

"In una bella giornata d'estate, passeggiavo con la mia mamma e il mio papà in un parco giochi, quando vidi un bellissimo e paffuto pesciolino rosso. "Lo voglio mamma! Guarda papà. È bellissimo. Vi prego! Vi prego!" La mamma mi disse "Piccolo topino mio, prendere un pesciolino è una responsabilità. Dovrai prenderti cura di lui ogni giorno, altrimenti starà molto male".
"Lo prometto" dissi tutto contento. Prendemmo il topino e tornammo a casa. Era ormai buio, così lavai i miei dentini, misi il pesciolino in una boccia sul comodino, gli diedi un bel po' di cibo e mi misi a letto.

Il giorno seguente però, non appena mi svegliai, vidi il pesciolino galleggiare, lo toccai, ma non si muoveva più. Allora corsi dalla mamma, in salotto "Mammina! Mammina! Guarda! Il pesciolino non ha più voglia di nuotare! Portiamolo dal dottore, mammina!"
Non avevo ben capito cosa fosse successo, ma la mia mamma sì, lo aveva capito molto bene e senza girarci troppo intorno mi disse che il pesciolino era ormai volato in cielo. Avevo già sentito dire quelle parole, tra i grandi. Così capii. Il pesciolino non avrebbe più potuto giocare con me.

Allora i miei occhietti si riempirono di lacrime. Le mie guanciotte divennero tese, la mia fronte divenne un po' rugosa.
La mia mamma allora mi abbracciò forte forte. Era così tenero e caldo quell'abbraccio, e piano piano mi sentii meglio e diedi un grosso bacione alla mia mamma.
Questo è stato il momento in cui capii cos'è la tristezza".

Il disgusto

"Era pomeriggio, mi trovavo in giardino, stavo giocando con la mia palla gialla, quando il cielo divenne tutto grigio e stava per piovere.
La mia mamma, allora, mi chiamò: "Vieni, topino mio, entra. Andiamo a preparare qualcosa di goloso".
Ero felicissimo! Sai io adoro cucinare con la mia mamma, soprattutto preparare la torta al cioccolato, con la crema alla vaniglia e con lo zucchero a velo sparso sopra.
Corsi in casa. Lavai le mie zampette ed andai in cucina.

Ero impaziente di preparare quella squisita torta, l'avrei mangiata a merenda.
Non vedevo l'ora. Solo che squillò il telefono e la mamma andò a rispondere. Non terminava più quella telefonata. Sembrava fosse passato un secolo. Allora presi la ricetta dal grosso libro di mamma e decisi di iniziare da solo.
Misi le uova nella ciotola. Poi, lo zucchero, il latte e il burro.
Mescolai, ma mi accorsi che stavo dimenticando la cosa più importante: il cioccolato in polvere.
Solo che non sapevo dove lo aveva messo la mamma, ma come ho già detto, non volevo assolutamente aspettare.

Allora pensai: "Devo trovare qualcos'altro che dia alla torta il suo delizioso colore marrone. Pensa topino, pensa!"
E lì, in quel momento mi venne in mente di andare in giardino e prendere una manciata di terra. Svelto svelto ritornai in cucina e misi la terra nell'impasto. Mescolai bene bene. Vidi che l'impasto era di un marrone intenso, ed assaggiai. "BLEAH!" esclamai "Non è affatto deliziosa".

Mi accorsi che il mio visino stava di nuovo cambiando. Il mio nasino blu si arricciò, le mie sopracciglia si abbassarono, le mie labbra divennero tese, verso il basso. Capii che il disgusto si era impossessato di me. Corsi dalla mamma che non aveva ancora terminato quella lunghiiiiiiiiiiiiiisssima telefonata. "Vieni mamma, vieni! Ho bisogno di aiuto!". La mamma salutò e chiuse finalmente quel telefono e venne con me in cucina. "Cosa hai combinato topino impaziente?" "Scusa, mamma" dissi.

"Tranquillo. Vai dalla gallinella Lolita a prendere delle uova, ne faremo un'altra. E la prossima volta, mi raccomando, abbi un po' di pazienza, topino mio".
Non riuscivo a dimenticare quel saporaccio, e non vedevo l'ora di mandarlo via con la squisita torta al cioccolato VERO di mamma".

BLEAH

La paura

"Ora ti racconto del momento in cui mi sono sentito tutto spaventato e tremante.
Del momento in cui conobbi la paura.
Fuori era tutto buio, mamma topina mi mise nel mio lettino, solo che io non avevo affatto sonno e non appena la mamma chiuse la porta, scesi dal letto e mi misi a giocare con il mio trenino sul mio morbido tappeto giallo.
Il mio trenino ha anche un conducente, sai?
Si chiama Bingo ed è un tenero coniglietto blu.
Stavo giocando, quando all'improvviso udii un tuono forte forte "BOOOOM".
E le luci si spensero.

BOOOM

Rimasi immobile, tremante sul mio tappeto morbidoso e giallo, che però in quel momento divenne scuro, nero.
Ricordo che la mia boccuccia era aperta, le mie labbra tese tese, i miei occhietti neri erano spalancati, fissi.
"Mi sa che ho paura" dissi a Bingo, stringendolo forte forte a me.

Ero tutto tremante, non riuscivo a spostarmi dal mio tappeto. Rimasi immobile.
All'improvviso udii dei passi. Li conoscevo bene. Era la mia mamma. Aveva una piccola torcia a forma di carota, che mi fece un po' sorridere. Mi prese in braccio e dopo un tenero bacio mi portò nel suo lettone. Mi accoccolai in mezzo, tra mamma e papà. Mi sentivo finalmente al sicuro."

La rabbia

"E la rabbia? Quando l'hai
conosciuta?" chiesi al topino.
Lui prontamente rispose "Ora te lo
racconto". E iniziò a parlare.
"Un giorno mi trovavo all'asilo, con i
miei compagni e con la mia adorata
maestra Marilù. Stavamo per fare tutti
insieme un nuovo gioco chiamato
corsa con i sacchi.
Eravamo tutti disposti sulla linea di
partenza, con le gambette infilate in
un sacco colorato.
Al via della maestra Marilù, il primo
che avrebbe raggiunto il traguardo
sarebbe stato il vincitore.

Io volevo vincere. Sono bravo in tanti giochi, e pensavo di essere bravo anche in quel nuovo gioco.
Al via iniziammo a saltellare. Ce la misi tutta, ma mi accorsi che non fui il primo a raggiungere il traguardo.
Qui provai per la prima volta la rabbia, o almeno la riconobbi.
I miei occhietti divennero fissi, e diventai rosso come un pomodoro maturo. Le mie labbra erano serrate e le sopracciglia si inclinarono verso il basso ed erano vicine vicine.

La mia maestra Marilù se ne accorse,
venne da me e dolcemente mi disse
"Ehi, topino. Cosa succede? Perchè sei
tanto arrabbiato?"
"Perchè non ho vinto. Volevo vincere"
risposi.
"Ma piccolo" replicò la maestra "non
sempre si vince e bisogna accettarlo.
Vieni. Andiamo a fare colazione tutti
insieme".
Feci un respiro profondo e seguii la
maestra.
Mangiai il pezzetto di torta che la
mamma mi aveva preparato e poi andai
a giocare con i miei amici. Stavo meglio.
Non mi piaceva per nulla essere
arrabbiato.

La felicità

“Vuoi che ti racconti anche del momento in cui ho conosciuto la felicità?”
“Certo. Dai, Dai. Inizia” risposi.
Il topino iniziò, allora, a raccontare.
“Una mattina mi svegliai e vidi i raggi del sole filtrare dalle tende. Corsi alla finestra.
“È Primavera!” esclamai. Vidi i primi fiori sbocciati, gli uccellini cinguettavano, il sole regalava un delizioso teporino. Non vedevo l'ora di andare a giocare in giardino con la mia palla gialla. Ma un intenso profumo di vaniglia raggiunse il mio nasino così corsi in cucina .

“Buongiorno mammina, hai visto?
È Primavera” dissi.
“Buongiorno topino mio” rispose
la mamma “Sì, è arrivata la
Primavera. Ma oggi è un giorno
ancora più speciale. Chiudi gli
occhietti”.
Non riuscivo a vedere, ma non
stavo nella pelle. Perchè era un
giorno speciale?
Camminammo per un po'. Poi,
finalmente, la mamma mi disse.
“Puoi aprire gli occhi, topino”

Aprii gli occhi e vidi il nostro gazebo addobbato con tanti palloncini del mio colore preferito, il giallo.
Non solo. C'era un lungo striscione tutto colorato e oltre a mamma e papà, c'erano tutti tutti i miei amici!
E anche una montagna di dolci... e di regali!
Tutti in coro mi dissero "Buon Compleanno!".
Non riuscivo a smettere di sorridere, anche i miei occhietti sorridevano.
Ero felice".

A U G U R D N I

E tu, hai mai provato queste emozioni? Racconta.

E nelle pagine successive potrai giocare a riconoscere le emozioni attraverso le espressioni mostrate. Nell'ultima pagina troverai le soluzioni.

Gira e... inizia!

1 Quale emozione riconosci in questa immagine?

a) Felicità
b) Rabbia
c) Tristezza
d) Paura
e) Disgusto

2

Quale emozione riconosci in questa immagine?

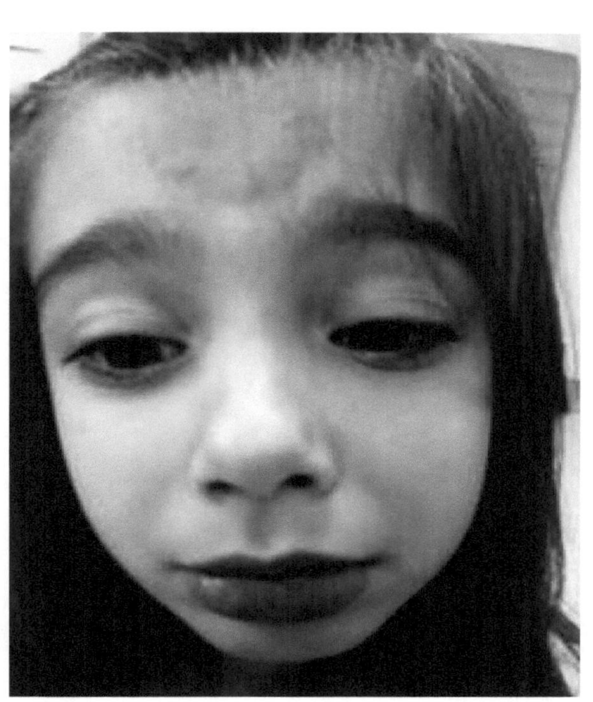

a) Felicità
b) Rabbia
c) Tristezza
d) Paura
e) Disgusto

3 Quale emozione riconosci in questa immagine?

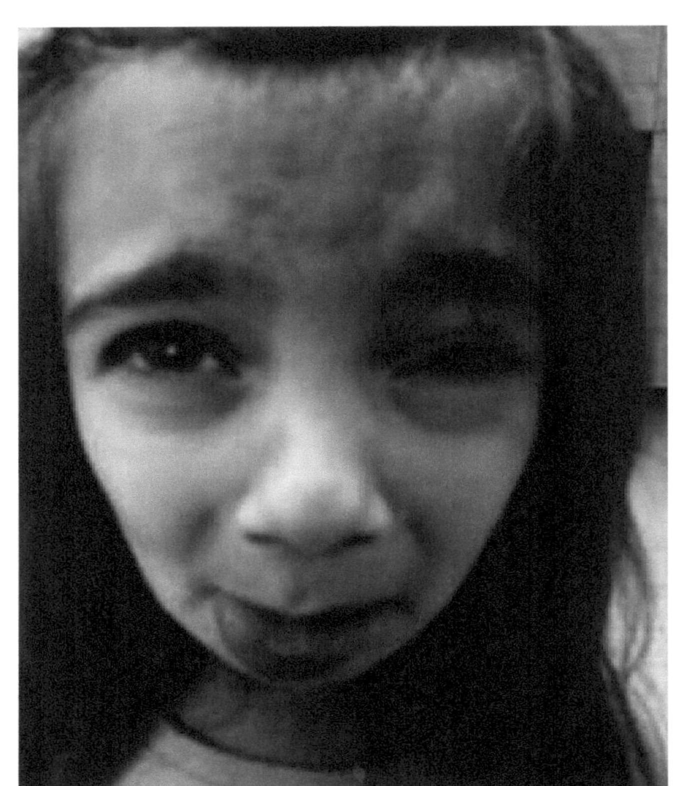

a) Felicità
b) Rabbia
c) Tristezza
d) Paura
e) Disgusto

4

Quale emozione riconosci in questa immagine?

a) Felicità
b) Rabbia
c) Tristezza
d) Paura
e) Disgusto

5 Quale emozione riconosci in questa immagine?

a) Felicità
b) Rabbia
c) Tristezza
d) Paura
e) Disgusto

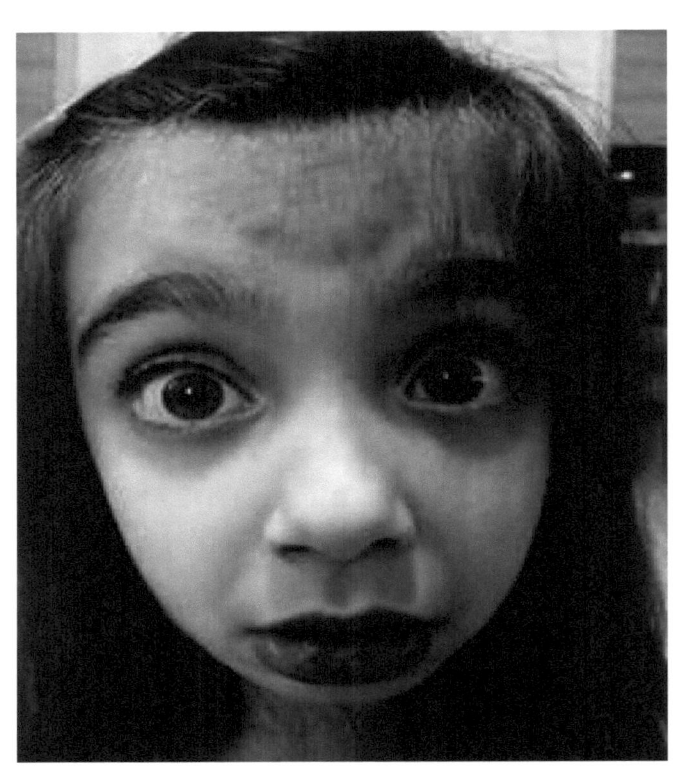

Soluzioni

Immagine **1**: b
Immagine **2**: c
Immagine **3**: e
Immagine **4**: a
Immagine **5**: d

www.ingramcontent.com/pod-product-compliance
Lightning Source LLC
Chambersburg PA
CBHW042110110726
48006CB00002B/589